© 2021 Elke von der Horst

Fotos
Elke von der Horst

Foto im Vorwort
Pieter Zandee

Zitat im Vorwort
[1]Max Bense, Ausgewählte Schriften, Bd. 1 Philosophie, Umgang mit Philosophen, Exkurs über das Schreiben, S.236, Springer-Verlag GmbH Deutschland, ursprünglich erschienen bei J.B. Metzlersche Verlagsbuchhandlung und Carl Ernst Poeschel Verlag GmbH in Stuttgart, 1997

Verlag und Druck
tredition GmbH, Halenreie 40-44, 22359 Hamburg

ISBN

Paperback	Hardcover	e-Book
978-3-347-21257-2	978-3-347-21258-9	978-3-347-21259-6

elke von der horst

zeit
weiterzugehen

gedichte

Inhaltsverzeichnis

Vorwort

„Das Schreiben, diese Bewegung des Wortes durch Ge-
danke und Hand, macht durchsichtig; es nimmt den Wirbel
aus der Erfahrung, verwandelt die finstere Härte der Ver-
zweiflung in eine Härte der Klarheit; und sah man vorher
die Welt nicht mehr, so sieht man sie jetzt wieder. Denn
Schreiben erzeugt Neugier und Aufmerksamkeit."

Max Bense, *Exkurs über das Schreiben* [1]

Viele Menschen schreiben in ihrer Jugend Gedichte. Ich habe spät da- mit begonnen, als ich schon über 50 Jahre alt war.

Es war für mich der Zeitpunkt, mei- nem inneren Erleben, d.h. meinen Wahrnehmungen, Gedanken, Gefüh- len, meinem körperlichen Befinden mehr Raum, mehr Beachtung zu schenken und ihnen – zunächst für mich selbst – Ausdruck zu verleihen. Beglückend dann die Er- fahrung, dass es sprachliche Formen gab - die Sprach- melodie, den Reim, die Versform –, die eine haltende Form schufen und für Begrenzung sorgten.

Immer mehr konnte ich es genießen, über diese Möglich- keit zu verfügen, Gedichte zu schreiben, ohne Leistungs- anspruch und Zensur.

Und jetzt, fast 25 Jahre später, habe ich eine Auswahl dieser persönlichen Texte zum Lesen für andere zusammengestellt. Ernsthaftes und Humorvolles, Innen- und Außenbetrachtungen, in Reimen und ungereimt.

Thematisch und gestalterisch sind die Gedichte so unterschiedlich, dass ich sie nur schwer in eine durchgängig einleuchtende Ordnung fügen kann.

In Teil I sind spontane Einfälle, Assoziationen, alltägliche Betrachtungen und Erkenntnisse, schließlich auch Erfahrungen mit Körperbefindlichkeiten locker aneinandergereiht.

In Teil II geht es um tiefere Spuren, Andeutungen schwer wiegender, z.T. früher Erlebnisse und Belastungen.

Teil III schafft Ein- und Ausblicke zu den Themen Natur, Sehnsucht, Liebe und Abschied.

Zwischen den drei Teilen gibt es vielfältige Übergänge, ein Begriff, der für mich in den letzten Jahren immer bedeutsamer geworden ist. Schließlich klingen Entwicklungsprozesse und Bewegung als Lebensprinzip in vielen meiner Texte an.

Frankfurt am Main, im Dezember 2020

Elke von der Horst

I

halb und halb

in der ersten lebenshälfte
worte finden
um zu verstehen

in der zweiten lebenshälfte
verstehen
ohne worte zu gebrauchen

entgleisung

durch

zu viel heruntergeschlucktes

zu lange ungesagtes

zu fest eingeschlossenes

werden

in der stunde der

wahrheit

worte

wie

waffen

heimkommen

wieder gelandet
in den eigenen räumen
gerat ich ins träumen

wandert mein blick
gemächlich
über die landschaft
von koffern und taschen
hin
und
zurück

wann pack ich sie aus
wann beginn ich zu waschen
wann sortier ich
die bücher
zurück ins regal

egal
?
wohl nicht

denn ist erstmal
alles weggeräumt
ist schnell der
urlaubstraum
ausgeträumt

galoppiert dir der alltag
von selbst davon
als wäre das leben
ein marathon

frühling

?

kennst du so zeiten
wo nix mehr passt
die klamotten zu eng
das leben ne last
in der beziehung stellst du
die grundsatzfrage
überlegst ob du
auf deine späten tage
nicht doch das land
der stadt vorziehst
und aus der neuen
wohnung fliehst

du spürst es nagen
willst was wagen
und weißt doch nicht
wo beginnen
du willst nichts verlieren
willst dazugewinnen

hier endet leider dieses gedicht
denn hätt ich ne lösung
schrieb ich es nicht

chaos

chaos
im schrank
macht den kopf
auch krank

drum
schaff ich
lieber übersicht
dann verweigert
mein hirn
die arbeit
mir nicht

begabung

auch du
hast eine gabe
bekommen
einen schatz
versenkt
einmalig
groß

lass ihn nicht
in der tiefe
vergraben

heb ihn
leg ihn
in deinen schoß

schau
ihn an
erfass ihn
mit allen sinnen

befrei von
staub und kruste
den kern

bau ihm
den tempel
der ihm gebührt

so wird
er leuchten
verwandelt
zum stern

silvester

das jahrespaket
das alte
zugeschnürt
lassen wir es
hinter uns stehn

das jahrespaket
das neue
fest verschlossen
lagert schon
vor der tür

voll gepackt mit
kalendern aller größen
eingeteilt in
monate wochen
tage stunden

verfügbar
übersichtlich
getaktet
effizient
verplanbar

doch da ist raum
zwischen den paketen

leise
trete ich ein

atme tief

die zeit steht still

und fern
vom feuerwerk der nacht
besinne ich mich

schmunzelnd

auf die kraft
der kleinen fluchten

montag

eine neue woche
hockt
in den startblöcken
5000 meter lauf

kann doch nicht sein
schon wieder
?

der schweiß
der vorigen runde
ist doch noch
nicht einmal
verdampft

fastenzeit

drei wochen nun ohne alkohol schon
da stellt sich die frage
was ist der lohn

die erfahrung dass auf einmal gelingt
und zwar mühelos ohne dass man drum ringt
was jahrzehnte lang im kopf war als ziel
verbunden mit der angst dass es *viel*
kraft *viel* verzicht *viel* beherrschung erfordert
wenn man im pub ein mineralwasser ordert

und nun ist es plötzlich ganz selbstverständlich
eher so dass die frage nach lohn letztendlich
absurd wird
und ich lediglich sage

was war eigentlich lange
der grund zur klage

lästern

wie hungrige krähen
beugt ihr euch
über die saat der gerüchte

ihr geliehenen schwestern

pickt die brocken
mit zu vollen schnäbeln
und halben herzen

hungrig bleibt
euer heiserer schrei

unnötig

wenn du merkst
du bist gelähmt
bist gekränkt
und tief beschämt

packs nicht weg
vergrab dich nicht

denn jede schicht
auf deinem herzen
verlängert unnötig
die schmerzen

und ich habe gelernt ihn zu achten

und ich habe gelernt ihn zu achten
ihn nicht mehr zu übergehen
habe endlich gelernt
ihn in seiner empfindlichkeit auszuhalten
gelernt auf seine signale zu reagieren
ihn in seinem schmerz zu verstehen
und ihm für seine zeichen zu danken

wir sind zu einer art zusammenarbeit gelangt
mein körper
und ich

wie ich mich fühle
?

ich fühle mich nicht
und bin so schlapp
hab schnupfen
und alles tut weh
doch heiße kompressen
und kräutertee
auch pastillen
nicht zu knapp
versagen die wirkung
der kopf bleibt dicht

bis ich merke
aus anderer sicht

ich fühle mich nicht

haut

meine seele wohnt in meiner haut
wo sie gar nicht hingehört
hier wird verstaut gekaut verdaut
unangemessen aufgestört

ganz jung noch 14 Jahre alt
das herz voller probleme
macht ich oft vorm spiegel halt
und sah wie ich mich schäme

wenn ich richtig zornig bin
erregt und auch mal laut
ist die balance komplett dahin
ich fahre aus der haut

gekränkt ist jeder mal im leben
und fühlt sich schmerzlich ignoriert
doch ich gerate schnell ins beben
weil meine haut den schutz verliert

wie wär ich doch so gern verliebt
dem andern nah verbunden
jedoch die haut den halt nicht gibt
zu offen sind die wunden

so bleibt mein sehnen ungestillt
und ich bleibe allein
berührung zart begegnung wild
ich wag es nicht ich sage ... jein

nun schau ich in den spiegel wieder
seh flecken falten manche spur
hätt gern ein neues hautgefieder

wo bleib ich mit der seele nur

wellness

am morgen täglich
ne meditation
bringt ruhe dem geiste
visualisation

sei einfach ganz locker
gehs langsam an
du wirst schon sehn
was man schaffen kann

und nun auf die matte
dein körper ist dran
mit yoga asanas
nicht nur dann und wann

sei einfach ganz locker
gehs langsam an
vermeide die hektik
genieße   hab fun

die gefühle sortierst du
am besten durch schreiben
drei seiten am morgen
lass sie fließen und treiben

sei einfach ganz locker
gehs langsam an
du wirst schon sehn
was man schaffen kann

zum schluss nix wie raus
zum walken im park
dies tempo entspannt
macht fit für den tag

sei einfach ganz locker
gehs langsam an
vermeide die hektik
genieße   hab fun

ein blick auf die uhr
es ist schon halb zwei
der termin um zwölf
ist längst vorbei

bleib ruhig und locker
ohne sorgen
zur arbeit kannst du
schließlich noch morgen

rückengrat

gereizt genervt
geärgert beleidigt
der ischias

eingeschnappt

bedrückt belastet
beschwert gepresst
die bandscheibe

entgleist

tüchtig gespannt
ungehalten streichellos
der rücken

geknickt

viel zu tun

sortieren entplündern
erleichtern entlasten
entlüften rausschmeißen
dehnen biegen
räkeln strecken
ermutigen stärken
berühren streicheln

lieben

nichts tun

in diesen tagen

weil mir
in diesen tagen
schwere themen
im magen lagen
und an mir nagen
beginn ich zu fragen
was könnt mir behagen

und höre mich sagen
was neues wagen

ich seufze tief
und spüre hin
verdammt
das macht
im augenblick
sinn

nur vorsicht
lass dich bloß
nicht jagen
sonst geht dir
der magen
noch mehr an den kragen

knie theater

oh mann
ich sag dir
ich hab knie
kann kaum mehr laufen
vor schmerzen
aber wiiie

es drückt und zieht
und wenn man kniet
reißt es einen schier entzwei
beim bücken schrei ich
oh gott au wei
und hab ich ne weile nur gesessen
kann ich das aufstehn grad vergessen
steh 30 sekunden starr am platz
stammle den verlegenheitssatz
es geht gleich wieder
ach mann ach
treppe rauf gehts noch recht munter
doch richtig schlimm ist treppe runter

ich schon mich
lege hoch das bein
der quarkwickel lindert
nur wenig die pein
bei längren wegen

trag ich manschette
wenn ich doch bloß
erleichterung hätte
denn auch der gerühmte retterspitz
entpuppt sich grad mal
als schlechter witz

ratschläge erhältst du zuhauf
erfahrung persönlich runter und rauf
ungefragt gut gemeint
experten im alter
wie es scheint
bis du mürbe
mit der geduld am ende
endlich bereit bist für eine wende
dir verbietest weiteren kommentar
und nach acht monaten
wirklich wahr
dich entscheidest zu einer operation

für andre betroffene keine option
die fragen warum nur
das muss doch nicht sein
so ein risiko für das ganze bein

so bist du schließlich ziemlich allein
gibst dich entschlossen
doch fühlst du dich klein

was
wenn dies die falsche entscheidung ist
du merkst wie stark unter druck du jetzt bist
gleichzeitig brauchst du
viel mut viel geduld
wissend im schlimmsten fall
bist du selbst daran schuld
wenn du am ende nicht laufen kannst
weil du den *richtigen* weg nicht fandst

endlich sei hier verraten
ich bin längst zu haus
die geschichte ging recht positiv aus
kann wieder laufen
nach schongang und sport

doch bleibt die frage
wo ist im alter der ort
an dem du vor so etwas sicher bist

könnt sein es wird bald schon wieder enk
mit dem nächsten gelenk

z.b. hüfte
oh mann

schlaganfall
(für einen freund)

anfall des lebens
blitz und donner
gehirngewitter
am donnerstagmorgen

geschlagen
vom schicksal
gefallen
aus deinem alltag

schlag auf schlag

ein fall für die ärzte
maßnahmen werden vorgeschlagen
neue wege eingeschlagen

dir hat es die sprache verschlagen
kannst nicht mehr sagen
ob sie dir gefallen

mit einem schlag
bist du gefallen
aus deinem lebenslied

das du eben noch

ahnungslos

selbstverständlich

gesungen hast

zeitgeist

die kleine erde
gerät aus den fugen
wir fahren achterbahn
überschlagen uns
wir neunmalklugen
global vernetzt
im wachstumswahn

krisen

diese krise
ist vorbei
jetzt gibts erstmal
ein osterei

und wenn auch ostern
ist vorbei
heb ich mir auf
der eier zwei

für krisen
ohne osterhasen
die ganz normalen
krisenphasen

zum glück naht
bald der weihnachtsmann
krisenerprobt
klotzt der dann ran

Ostern 2010

krisen 2

corona ist noch NICHT vorbei
und trotzdem gibts ein osterei

auch zwei auch drei ganz ohne frage
denn dies jahr sind sie anders die tage

kontaktverbot allein zu haus
schon jetzt geht mir die puste aus

wer hätt gedacht dass diese fiese
perfide miese virenkrise

zum thema nummer eins mutiert
und uns auf lange sicht blockiert

lässt auch den osterhasen stocken
er bleibt auf seinen eiern hocken

und denk ich an den weihnachtsmann
befürcht ich dass der auch nicht kann

Ostern 2020

krisen 3

ostern ist nun auch vorbei
übrig nur ein letztes ei

dafür heute neue regeln
mir brennts schon länger unter den nägeln

fragen zuhauf
wie geht es weiter
auf der coronaregelnverordnungsleiter

die läden zu
wie lang das noch dauert
?
die 'alten'
werden wir eingemauert
?
die schulen nach und nach wieder offen
?

wir halten die luft an können nur hoffen
und fürchten zugleich dass die kurve nicht trägt

die zahlen steigen man wieder erwägt
das leben das erwachende runterzufahren

man sagt das kann dauern
spricht von jahren
sicherheit kann keiner geben

mein gott
was heißt das für unser leben

?

?

krisen 4
vorläufig letzte momentaufnahme

es neigt sich das jahr
das virus jedoch
verbreitet sich täglich
noch und noch
wütet in hotspots
vor allem in städten
als wenn wir es eingeladen hätten

doch haben wir das nicht im grunde getan
?

mit unermüdlichem wachstumswahn
unsrer gier den profit zu maximieren

so musste das ökosystem kollabieren
müssen die wälder gerade krepieren

müssen wir menschen letztlich verlieren
?

oder
gewöhnen wir uns
an ein künstliches leben
im netz am bildschirm mit KI
mit einer phantastischen philosophie

die kontakte so gut wie eliminiert
menschliche nähe digital optimiert
und ein leben virenlos garantiert

wir rätseln und wissen zur zeit nicht weiter
der teillockdown macht uns nicht gescheiter

ratlos ist aktuell auch der weihnachtsmann
der weiß überhaupt nicht mehr
was er kann

II

spuren

es ging tief hinab
in den winter

winterkalt
winterstarr
wintermüde

und dann doch
wieder
erstes runden
verdicken
an scheinbar totem geäst

knospen
brechen bahnen
suchen ihren vorgegebenen weg

erstes grün
verheißung
im kalt durchwehten braun

kleiner wintertod
auch ich bin ihn gestorben
breche nun auf

suche meine jahresspur
jedes jahr
immer wieder
neu

gib acht

gib acht
auf den ast
der mimose
bei nacht

in kommenden tagen
wird er die last
von neuschnee
noch tragen

schatten

schatten der nacht
nagen
am rande
des schlafes

durchbohren
den kokon
legen mich
bloß

zeitlos
drehe und wende
ich mich
im dunkel
gegen den regelkreis
der gedanken

letzte tage oder stunden

ich setz mich so gern
noch einmal zu dir
bewache deinen atem
bin still
wenn du schläfst
in der dämmerung
des hüben und drüben

dein wandern
zwischen den welten
will ich behüten
nur leicht berühre ich deine hand
wenn du seufzt
die augen aufschlägst
erstaunt über die sichtbare welt
die stetig fremder wird
unwichtig
unwirklich
undurchschaubar
bis dein blick leer wird
deine fenster zur welt geschlosssen

ich öffne das fenster
denn du brauchst luft
viel luft
für die mühsal des atmens

kannst du noch spüren
dass ich hier sitze an deinem bett
hast du schmerzen
angst
bilder

fragen aus dieser welt
ohne antwort
ohne ahnung
harre ich aus
an deiner seite
in der unnahbarkeit des sterbens

unsagbar

ich erzähle dir
und du hörst mir zu
ich erzähle dir weiter
denn du hörst mir wirklich zu

zwei spiegel meiner worte
sind deine augen
in bewegung
sie erforschen und halten
hellen sich auf verdunkeln
ringen weiter mit mir
nach worten dem weg
die spannung zu lösen
halten inne denken nach
ermuntern mich weiter zu sprechen
sind mutig
bereit
wollen wissen
wenn ich zögere
das unsagbare zu sagen
so dass ich es sage
endlich
die geschichte zu ende bringe
zu ihrem bitteren trostlosen ende

.
.

ich will weg
blicke nach unten
und suche doch schnell
wieder deine augen
die schwimmen
im wasser bis zum rand
so kann ich bleiben
und ich schaue zu
wie dicke tränen
in freiem fluss
über deine wangen rollen
warme erlösende tränen

die ich nicht weine
nicht jetzt
aber die ich schon viele male
geweint habe

allein

familientabu

und so tanzen sie zögernd
diesen einen tanz
wie puppen an fäden
um den totenkranz

vergraben verschüttet
jahrzehnte lang schon
lagern fragen ringen worte
um den ersten ton

ein einziges wort schon
kann das tanzmuster stören
fatal will man doch
zur familie gehören

drum geht der tanz weiter
die regeln sind klar
keiner wagt mehr zu forschen
was wirklich war

und so tanzen im kreise
sie sprachlos den tanz
und halten sich fest
und halten den kranz

die andern

verkrümm dich nicht
verschließ nicht
deinen blick am morgen
wenn bilder der nacht
auf dir lasten
bleischwer die seele
den körper belagern
das herz bedrängen
im nacken hocken
an der innenhaut kleben

tote kinder
vergraben
verloren
erweckt in dir
kleine schwester
klopfen an
in flehendem traum
schwarz weiß
keine hoffnung
zu leben

du
steh auf
kleine schwester
unerschütterlich

dieser tag
er umhüllt dich
mit frühem licht
lädt dich ein zu spazieren
im späten sommergarten
auf glitzerndem tau
auf gras in dem spinnen
filigrane matten weben

lass gelten
den trost der natur
feuerfarben im staudenbeet
erwärmen deine augen
zitronenfalter umgaukeln
duftend lila lavendel
lassen tanzen den blick

besänftigtes hören
wenn hummeln
von blüte zu blüte summen
hoch oben in der tannenspitze
die meise
sie singt
leben
leben

hier
gib sie frei
kleine schwester
die zu früh gestorbenen
ihre augen ihre stimmen
deine liebe deinen schmerz
lass sie fließen
die tränen

und

ehre den tag
er will dir
er soll dir
von allem geben

leben

nicht geweinte tränen

nicht geweinte tränen
beschweren mein herz
begraben trotzig
uralten schmerz

wildenten

mir ist so eng geworden
im schwesterlichen haus
frühe schatten
huschen hindurch
versperren die tür

du sitzt am boden
mit schützender hand
vor den augen
ich suche das fenster
und fülle meinen blick

wildenten ziehen vorbei

unruhe

mir schwirrt so viel im kopf umher
ich finde keine ruh
und täglich wird es noch viel mehr
egal wie viel ich tu

der schlaf ist kurz die nächte lang
das karussell dreht weiter
doch langsam wird mir angst und bang
auf dieser höhenleiter

ich schau mir die ‚to do list' an
zu schaffen allemal
mein hamsterrad ist sicher dann
im kopf und nicht real

da muss ein andrer motor sein
der in mir tourt und brummt
ich könnte sollte müsst
oh nein
wenn dies doch bloß verstummt

so trete ich einmal beiseite
in einen kreis für mich allein
was wäre wenn ich nicht bestreite
wie schwer es ist allein zu sein

wenn ich das schaff dann wär damit
der schlimmste punkt wohl überwunden
geöffnet wär das tränenfass
das druckventil gefunden

dies fass heul ich bestimmt heut leer
und schon kehrt ruhe ein

wohlig wird mir

müd und schwer

wiie gut allein zu sein

zigaretten los

dir ist zum heulen
du fühlst dich so matt
du hast schon gegessen
und bist doch nicht satt

mein name ist sucht
mein wesen subtil
es braucht nur sehr wenig
wirklich nicht viel
von meinem alten
bewährten rezept
dem stoff der unmerklich
in der wirkung perfekt
die fransigen ränder
der nerven anleckt

ich giere nach dir
mit langen fingern
ich locke dich an
mit den weißen dingern
ich tänzele und schwänzele
um dich herum
ich nebele dich ein
dir wird so schön dumm

ich spring mit elan
in jede lücke
und stopfe das loch
der entbehrung voll tücke
ich bau dir versiert
eine feste wand
vor die härten im leben
schon sind sie gebannt

nun komm schon
ich nehm dich
an meine brust
mein stoff spendet feuer
der lebenslust
zug um zug legst du nach
so schürst du die glut
hab ich dich wieder
wird alles gut

trauma

und wieder
falle ich
in die stricke
früher kindheit

und hangele
verloren
zwischen den seilen
dicht
über dem abgrund

tage verrinnen
dort unten
in vertrauter starre

beengt durch
druckstellen
hart
in mir
geschnürt

und wieder
löse ich
diese knoten
uralten schmerzes

und klettere
mühsam
an den seilen
auf festen boden

endlich

und wieder

noch immer

immer wieder
?

mutter los

die plombe saß fest
auf dem schwarzen loch
versiegelte kindheitsschmerzen

dann
sprang sie entzwei
gab den nerv wieder frei

und
verspätet noch kroch
der schmerz
von dem loch

zielsicher
bis zum herzen

nachrichten aus aller welt
ein aufschrei

täglich
diese bilder

angst
hunger
schrecken
schmerz

krieg

so viele Kinder
abgemagert
aus den schützenden armen gefallen
die haltende hand verloren
im lärm von schüssen
mit herzrasen im versteck
kein blick zum ausruhen

globalisierung von trauma

wo gibt es einen haltenden ort
?

wer behütet die kinder dieser welt
?

wenn kinderaugen sehen

wenn kinderaugen sehen
weil sie sehen können
und sehen wollen
kann es geschehen
dass sie sehen müssen
was sie nicht sehen dürfen
und nicht sehen sollen

lautlos senkt sich
mit dem gesehenen
immer wieder
scham und entsetzen
schuld und zorn
tief unter ihre lider

muräne

dass ich die muräne
überhaupt erwähne
diese weißliche
überaus scheußliche
amorphe kreatur
liegt nur
an meinem entsetzen
von dem sich noch fetzen
in mir schälen
und mich quälen

und wenn die muräne
die ich erwähne
nur etwas symbolisiert
was noch stärker tabuisiert
und kaschiert
in mir ruht
dann hoffe ich
tut

dieses weißliche
überaus scheußliche
amorphe wesen
seinen erhabenen dienst
am genesen

geborgen

augen
die über deinen geschlossenen lidern wachen

ohren
die fremdes geräusch auffangen

stimmen
die deinen traum begleiten

hände
die dein aufschrecken besänftigen

wärme
die den kühlen hauch der nacht birgt

leben
das dich dem tod fern hält

III

oranjezon

hier
in der stille
hinter den dünen

wo eben noch
scharfer nordwind
drahtige grasbögen
zu boden zwang
eben noch sturmböen
die wie pfiffe klangen
heftig peitschten
deine wangen

hier
in der stille
kannst du es hören
das leise singen
das sanfte rauschen
der föhren

halt an
halt inne
mach auf deine seele
öffne die sinne
für zarte berührung

zärtlichkeit
ein hauch nur
ein wehen
wie schlagen von flügeln
wie atem von feen
seide auf feiner sanfter haut

kein anderer laut

bleib still
lass es weiter geschehen
es wird nicht enden
wird immer wehen

unsere liebe

im weißen kleid
auf schwarzem
grund barfuß
so steht sie
da schaut
und schaut
uns an

ernst
ihre augen
wie dunkel
geweitet

sie rühren
unendlich
zärtlich
an unser herz

es gibt bestimmte Tage

es gibt bestimmte tage
da weine ich um dich
am morgen wenn die träume
noch warm
entwaffnen mich

dann lieg ich bloß und öffne
vergangenem die tür
ich hör dich seh dich rieche dich
und dank dir noch einmal dafür

die guten zeiten ziehen vorbei
erinnerung ist ein schatz
ich will ihn hüten
und bist du auch fort
behältst du doch diesen platz

frühes jahr

wenn sich
frühmorgens
im halbdunkel
in das anrollende
rauschen des verkehrs
eine amsel einmischt
ihr lied anstimmt
eindringlich süß

und sich nicht überrollen lässt

spitze ich
im halbschlaf
meine ohren
und spüre

ich bin bereit

mani mond

es ist als hätten die männer
der mani laternenfest
ein messingglänzender lampion
erklimmt das bergpodest

der schein steigt höher wird silbern
wirft zauberglanz auf das meer
die wellen glitzern wie sterne
die welt von menschen so leer

nur ich lieg im funkelnden wasser
von glitzerzungen beleckt
geweitet das aug die seele
zu strahlendem tanze erweckt

mir wird so als ob sie fliege
in des meeres geborgener wiege

agios andreas

der letzte blaue fensterladen wird geschlossen
die augen voll getankt vom sonnenlicht
ziehn los und machen ihre letzte runde
und finden alle sommerluken sind schon dicht

der lange strand von gästen leer gefegt
begrüßt den ersten herbststurm mit erschrecken
der himmel zieht sich zu die brandungswelle schlägt
will wohl die regengeister wecken

die letzten feigen halten sich versteckt im grün
ein rundes rot vereinzelt aufgehängt
träumt von des sommers schwerer glut
noch einmal träum ich mit und fühle mich beschenkt

es schweigt die mani verlässlich liegt sie da
weiß um den abschied ihrer sommergäste
geduldig harrt sie ihrer wiederkehr
bereit für glühend neue feste

für dich

und was ist
wenn wir uns doch verlieben
im alter ein stück des wegs
verbunden blieben

wir fliegen grad aufeinander zu

mein konzept war anders
nämlich
wenn noch ein mann
eher ganz ruhig
dann und wann

und nun dieses flattern
neuer aufruhr im bauch
das ist in der tat
ziemlich anstrengend auch

ich träum vor mich hin
zärtlich berührt
halb schon verführt
im gesicht ein
wissendes schmunzeln

und das trotz
all der spuren und runzeln
oder gerade deswegen
?

schon reichlich erfahrung gemacht
die ganze sinnlichkeit wieder erwacht
nach dem motto
das wär doch gelacht

aber nein
da ist auch die andere seite
die bedenkend verzagte
gar nicht bereite
der ältere körper
in angst und scham
erscheint mir auf einmal
total infam
du bist mir ja noch
ziemlich fremd
und ich brauch doch vertrautheit
sonst werd ich gehemmt

dann treff ich dich wieder
die zeit verrinnt
und ich find
mein alterndes körperchen
spinnt

und jetzt
?

ich glaub ich verliebe
mich doch grad in dich
halt du mich fest
verliebt auch in mich
gemeinsam im boot bei hoher see
(übrigens grad nach der knie op)
tun wir es einfach
tun uns gutes
und
vielleicht
nicht
weh

und wenn wir uns ganz
und unverstellt geben
gewinnen wir
sicher
hoffnung und mut
im alter
zu leben

sommer 2018

im hinterhof singt kein vogel mehr
haben sie das weite gesucht
wenn ich nur wüsste wo das wär
ich ging ich flöge hinterher

des sommers brüten alles versengt
die erde die blätter das gras
kein ton in den trockenen lüften hängt
das leben bedrängt im herzen gekränkt

nun fällt der sommer doch es bleibt still
bloß tauben klatschen umher
ich bereite das futter denn ich will
nicht warten bis zum nächsten april

im hinterhof singt kein vogel mehr
auch meine liebe lange verstummt
ich warte ich hoffe das fällt so schwer
ohne ein lied von wiederkehr

aufatmen

die amsel ist zurückgekehrt
ich hatt sie verloren gegeben
sie scheint wie früher unversehrt
beglückt über ihr amselleben

im winterdunkel ganz in der früh
hör ich seit tagen dies flöten
keine spur in ihrem tülü türü
von des sommers hitzenöten

ich atme auf das ging nochmal gut
vielleicht sind sie bald ja ein paar
und bauen ihr nest behüten die brut
ein nest voller hoffnung im neuen jahr

31.12.2018

altersliebe

die langen fäden
des eigenen lebens
ziehen unsichtbar wir
hinter uns her

so viele jahre
in garne gewirkt

gefärbt vom leben
vom tod geschwärzt

sie machen den schritt
bisweilen uns schwer

im alter die neue
liebe zu wagen
heißt achtsam sein
mit dem lebensgarn

es sollte gekämmt
und gewickelt sein
damit deine liebe
ohne zu stolpern

an deiner seite
laufen kann

gemeinsam laufen
spinnt neues garn
und macht aus 'wir sind'
die geschichte 'wir warn'

doch vergiss nicht solch glück
bekommt nur geschenkt
wer die heilige ordnung
der fäden bedenkt

regennacht

stell dir vor
die letzte nacht
hat regen gebracht

und halb im schlafe
hab ich gedacht
welch fest
gerade da draußen
im dunkel der nacht
sich entfacht

ich höre es
plitschen und platschen
und klitschen und klatschen
und sehe vor mir
matt sterbendes grün
neu erglänzen und blühn
in voller pracht

bäume die trinken
leben das lacht
wieder erwacht

ach

bliebe das glück
dieser einen nacht
das die natur die müde
scheinbar satt gemacht

doch die zeitung am morgen
macht erbarmungslos klar
dass dies nur
ein winziges tröpfchen war

und dennoch

höre

diese letzte nacht
hat regen gebracht

mein lied

ich hab
seitdem du gingst
den kopf oben gehalten
hoch oben
bin nicht zusammengebrochen
in tränen zerflossen
habe den alltag gemeistert
wie man so sagt
war viel im haus
unauffällig
geradeaus

und doch
ich hab
seitdem du gingst
mein lied verloren
mein lied
das leicht war
inspiriert
in meinen zellen
hielt es wacht
ungefragt
hat es meine schritte
zum tanzen gebracht

und hat
als du noch da warst
sinn gemacht
auch im stolpern
fand ich mut
mit weichen klängen
zärtlichem ton
für den nächsten schritt
und vergaß im nu
woran ich eben noch
so heftig litt

nun lebe ich
seitdem du gingst
ganz ohne lied
mit einer großen frage
wie finde ich ein neues lied
oder wird es gar das alte
das mit verhallte
als du gingst

könnt ich vertrauen
und darauf bauen
dass
was auch geschieht
ich finde mein lied

nahe verbindung

sie zuckeln mit einem zug über land
einen tag lang zunächst richtung mainz
die sommerlandschaft in blicken gebannt
ein älteres pärchen so scheints

sie reden lebhaft erzählen am stück
haben sich über ein jahr nicht getroffen
der versuch ihrer liebe liegt länger zurück
hier gibt es nichts mehr zu hoffen

dafür gibts ein picknick im rucksack verstaut
genuss ohne ambivalenzen
so habn sie gekaut und sich angeschaut
voll wärme unter wahrung der grenzen

die reise geht weiter über münster am stein
weitschwingend die hügel bei sonne
mit wehmut und glück klingt beim gläschen wein
dieser tag nach voll nahe wonne

abschied

zeit sich zu verneigen
in respekt vor dem andern

zeit sich zu versöhnen
mit versäumnis und streit

zeit zu danken
für nähe und gemeinsame erfahrungen

zeit zu trauern

zeit zu weinen

zeit auszuruhen

zeit viel zeit

zeit weiterzugehen